Konstantin Wecker

Und die Seele nach außen kehren

Uns ist kein Einzelnes bestimmt

Konstantin Wecker

Und die Seele nach außen kehren

Ketzerbriefe eines Süchtigen

Uns ist kein Einzelnes bestimmt

Neun Elegien

Ehrenwirth

CIP-Kurztitelaufnahme der Deutschen Bibliothek

Wecker, Konstantin:
Und die Seele nach außen kehren: Ketzerbriefe
e. Süchtigen. Uns ist kein Einzelnes bestimmt:
9 Elegien / Konstantin Wecker. – 2. Aufl. –
München: Ehrenwirth, 1983.
ISBN 3-431-02408-4

NE: Wecker, Konstantin: [Sammlung]

ISBN 3-431-02408-4

Satz: Tutte, Salzweg-Passau
Druck: May & Co., Darmstadt
Printed in Germany 1983a

Und die Seele nach außen kehren

Ketzerbriefe eines Süchtigen

In aufrichtiger Dankbarkeit
meinen Rettern zugeeignet
diesen wenigen wundervollen Menschen
die mir nicht von oben herab und
ohne je den Respekt zu verlieren
in der Not halfen.
Für:
Dr. Hoffmann
Vivi Eickelberg
Sigi Grizi
Günther Bauch
Vater und Mutter
meine Großmama
und meine Frau

Prosafassung begonnen: Dezember 1979
Umarbeitung und Endfassung: 9. Januar 1981

Erster Brief

Hohes Gericht
sehr geehrte Damen und Herren von der Presse
ich bin zwar nur ein haft- und hilfsbedürftiger
Süchtiger
aber erlauben Sie mir bitte dennoch
in Ihre zwar über mich
doch weder für mich geführte
noch mir irgendwie verständliche Diskussion
einzugreifen.

Was mich dazu trieb und treibt
mich derart einer Droge hinzugeben
können weder Sie noch ich restlos klären.
Tatsache ist allerdings
daß ich von der Droge betroffener bin als Sie
und einen aufrichtigeren Kontakt pflege
zu all denen
über die Sie dauernd richten und berichten
derer Sie sich bedienen zwecks Bestsellerherstellung
immerhin moralisch abgesichert
unter dem Deckmäntelchen
des Mahner- und Helfertums.

Aber wäre es nicht gerade Sache der Betroffenen
ihrer Betroffenheit Ausdruck zu verleihen?

Wenn *wir* den Mund aufmachen
über *unsere* Probleme
worüber Sie sich zur Zeit so selbstherrlich auslassen
müssen wir mit einer Hausdurchsuchung rechnen
oder wenigstens mit einem Eintrag ins
öffentliche Sündenregister.

Ihre Wirklichkeit
ist staatlich sanktioniert
unsere wird als Flucht oder Verbrechen
bemitleidet oder verteufelt.
Als gäbe es eine wirklichere
oder wahrhaftigere Wirklichkeit.

Manchmal glaube ich
unsere Sucht ist weniger unser Problem
als das Ihre.
Wir sind eine Gesellschaft von Süchtigen
denn wir bedienen uns nicht mehr der Dinge
sondern die Dinge haben uns in der Hand.
Wer würde schon unseren Bürgern
die Entzugsqualen eines fernsehfreien Samstagabends
zumuten?
Aber jedem Fixer wird mit Genuß
jedes zärtlich gesparte Restchen Heroin

aus der Tasche gezogen.
Und rühmt sich nicht jedermann
damit den letzten Dreck der Gesellschaft
von seinem letzten Dreck befreit zu haben?

Und indem Ihr uns zur Lüge zwingt
vermehrt Ihr nur unsere tägliche Dosis
und nehmt uns schließlich jede Chance
mit uns selbst abzurechnen.

Zweiter Brief

Jeder
der nicht mitschwimmt im Strom der Gesetze
und der sich täglich wandelnden Verordnungen
ist verdächtig
und wird angenehmsten Falls
noch als Spinner verlacht
der nun mal vom harten Brot der nackten Tatsachen
noch nie gekostet hat.
Als ließe sich jedermanns Wahrheit
durch Mehrheitsbeschlüsse beschließen
und Recht durch Gesetze.

Nur
wie soll man sich je näherkommen
wenn man nicht immer wieder
demütig zugestehen kann
geirrt zu haben?
Den falschen Göttern hinterhergerannt zu sein?

Sicher
es bedarf nicht der Drogensucht
um zu beweisen, daß man nicht mehr gewillt ist
sich in gemachte Ordnungen einzureihen.
Doch wie gefährlich der Weg meiner Entwicklung
auch immer sein mag:

Es ist mein Recht
mich vor den Augen aller schuldlos zu fühlen
allein schon, um mir die Möglichkeit
nicht zu nehmen
mich selbst schuldig zu sprechen.

Opium
war jahrhundertelang
die Volksdroge des Ostens.
In England schnupften um die Jahrhundertwende
die Hafenarbeiter Kokain
weil sie sich Alkohol nicht leisten konnten.
Merke:
Es ist meistens eine Frage der Ökonomie
wer zu den Schweinen der Gesellschaft zählt.

Dritter Brief

Wir brauchen keine Helfer und Erlöser
deren Arme immer zu kurz sind
um uns von diesen hohen Rossen herab
auch nur annähernd erreichen
und anrühren zu können.

Ach
wie erheben sich die Privilegierten
die in irgendwelchen Zuchtanstalten
ihr Hirn getrennt von Seele und Körper
aufmotzen durften
über die Ungebildeten
wie verzichten sie doch großmütig auf ihr Privileg
um uns belehrend zur Seite zu stehen –
Da muß wohl die Angst das Wort führen.

Es ist dies
die ewige Angst
der Starken vor den Schwachen
der Männer vor den Frauen
der Eltern vor den Kindern.
Alle die erziehen wollen
sind zu feige
von denen zu lernen
denen sie sich vermitteln sollten.

All die Dogmatiker
sind sich ihrer selbst und ihrer Thesen so unsicher
daß sie die ganze Welt zwingen wollen
etwas zu bestätigen
woran sie selbst nie glauben können.

Einem Drogensüchtigen kann man nicht helfen
höchstens Brücken bauen.
Er traut nur Gleichgestellten
die ihn nicht in ihr eigenes Lager führen wollen
sondern einfach mal liebevoll
die Hand ausstrecken
und ihn dann nach seinem eigenen Willen und Weg
weiterziehen lassen.

Vierter Brief

Nur jetzt der Lüge keine Chance geben!
Denn
will nicht werden was ich mir erhoff von mir
sondern will werden
was ich bin.

Aufbrechen muß ich mich für neue Wege
freigeben zum Beschau
und die Seele nach außen kehren.

So hat sich in diesem Leben
noch keiner entblößt
daß er sich ausruhen könnte
auf einer Wahrheit.

Kaum glaubt man
der Lüge neu auf die Schliche gekommen zu sein
ists nur
ein neuer Schlich der Lüge.

Alles was starr ist macht sie sich untertan
und nistet bevorzugt
in seichten Gewässern.

Nur den Flüssen
kann sie nicht folgen
und allem was wandelbar ist
und nicht bestimmt.

Fünfter Brief

Hochverehrter Herr Richter
bis jetzt sind wir uns ja immer
ziemlich aus dem Weg gegangen.
Dabei sollten wirs auch belassen.

Nur
müßte ich heute noch vor Ihnen
Rechenschaft ablegen
ich würde nicht lügen.
Warum sollte ich etwas vertuschen
was ich mir jederzeit und immer zugestehe?
Nach Zuträgern brauchten Sie mich nicht zu fragen
ich habe einfach kein Gedächtnis für Namen
aber wenns um mich geht?
Ich habe gekokst
bis meine Nase es nicht mehr ertragen konnte
täglich Gramm für Gramm eingeschaufelt
wenn Sie mich damals erwischt hätten –
es hätte bestimmt für ein paar Jährchen gereicht.
Übrigens: Wie ists um Ihre Nieren bestellt?
Hoffentlich machts die Leber noch lange …
Bitte antworten Sie nichts auf meine Fragen.
Ich trau Ihnen sowieso nicht.
Ich kokse. Sie richten.
Wär ja alles ganz schön gleichmäßig verteilt.

Nur
Sie sitzen mir irgendwie
in einer zu erhöhten Position.
Nur mal so über den Daumen gepeilt:
Wie viele haben Sie schon verbrannt
die das getan haben
was Sie sich nur nie getraut hatten zu tun?
Nein – bitte keine Antwort.
Das kann noch Jahre dauern
bis Ihnen die Idee zufliegt
daß auch Sie nicht vollkommen sind.
Und dann fragen Sie sich mal beiläufig:
Zu wieviel Jahren Einzelhaft
würden Sie sich selbst verurteilen?

Warum
setzen Sie sich nicht einfach neben mich
und sprechen mit mir von Mensch zu Mensch?
Oder glauben Sie etwa
ihre Maskerade hebt sich auch nur ein bißchen
von dem Goldbehang
eines drittklassigen Zuhälters ab?

Verehrter Herr Richter
wie wollen Sie sich selbst jemals gerecht werden?

Ich werde mich bloßlegen vor Ihnen.
Wann sind Sie jemals nackt zu sich?
Was kann ich tun für Sie?

Allerdings
jetzt läßt sichs leicht reden.
Noch sitz ich geschützt
noch könnt ich fliehen
bei jedem verdächtigen Geräusch
Ihrer Henker.
Und wer weiß
wie mir mal die Knie zittern werden
vor dieser grausamen Macht
die Ihrem kleinen menschlichen Urteil
Recht und Gerechtigkeit verleiht?

Es mußten ja schon immer
Tausende aufgeboten werden
um eine Handvoll Standhafter zu Fall zu bringen.
Aber in Ihren wehmütigeren Stunden
Herr Richter
haben Sie da nicht vielleicht doch
ein bißchen Angst
daß alle, die fallen
irgendwann auferstehen

während Sie und Ihre Tausendschaft
zwar unbesiegt
doch unbekehrt
zu Staub zerfallen?

Sechster Brief

Raus
wir müssen raus
raus aus diesen verendenden U-Bahnhöfen
raus aus den Pissoirs und den nächtlichen Feldwegen
raus aus Heimlichkeit und Gier
und wir stellen uns hin
vor unsere Mitmenschen
und platzen raus damit!
Wir sind süchtig.
Wir nehmen gar Rauschgift zu uns.

Wir haben uns für eine Strecke Wegs entschieden
der wir vielleicht nicht gewachsen sind
die Ihr aber zuerst mal zu respektieren habt
denn es ist unser Weg.

War es wirklich nur immer
Ihre bessere Vernunft
lieber Mitmensch
die es Ihnen untersagte
auch mal die Ärmel für die Venen freizumachen
oder sich die Nase mal so richtig durchzublasen?
Oder wars nicht auch öfter mal Angst
diese ständige Angst
sich in ein anderes Sein zu wagen

dessen Landschaften und Ideen
erst dem sichtbar werden
der mit beiden Beinen abgesprungen ist?

Wie wenn der Großteil der Menschheit
ständig in einem verdunkelten Raum lebte
schon die Fenster ein wenig zu öffnen
scheint ein zu großes Wagnis
und dann packt einer sein Bündel und geht zur Tür
und alle warnen ihn, denn sie meinen
genau zu wissen, was auf ihn zukommt
und dann öffnet er die Tür
alle verschließen die Augen
denn das Licht könnte sie blenden
und er schließt die Tür hinter sich
und plötzlich umfängt ihn ein weiches
geduldiges Licht
Bäche rauschen, die Erde öffnet sich
Wälder Wiesen Tiere
und er beschließt für sich
nie mehr stehen zu bleiben
denn alles kann nur schöner werden.

Wer mit dem Wagnis paktiert
hofft auf eine neue Wirklichkeit.

Ob aus Verzweiflung, Neugier oder Sehnsucht –
er ist bereit mit seinem Leben
der Erstarrung zu trotzen.
Es sind meist die Sensibleren und immer Suchenden
die sich der Droge anvertraun.
Mein Herz schlägt für die Süchtigen.
Sie verschreiben sich dem Leben
ohne es besitzen zu müssen.
Sie leben mit ihrer Schwäche.

Siebenter Brief

Und wenn dich deine Eltern verurteilen
mit diesem:
Kind, was hast du uns angetan!
dann versuch sie zu verstehen
und lerne sie zu lieben.
Öffne dich, erzähle
von den Herrlichkeiten und Schrecknissen der Gifte
denn es ist Sache der Schwachen und Dummen
den Starken und Klugen die Augen
zu öffnen.

Alles was du bereits getan hast ist richtig
und vor allem frei von Schuld
wenn was Neues draus erwächst.
Wir Süchtigen legen nur Hand an uns selbst
und es liegt an uns allein
ob wir geläutert und gestärkt
wieder auferstehen
oder irgendwann an der Lüge ersticken.
Wenns dann sein soll
muß man uns auch sterben lassen
so wie ein Selbstmörder
kein Kranker ist
sondern sich einfach einer anderen Dimension
des Lebens verschreibt.

Achter Brief

Meist sind die Drogen stärker als wir
und schon nach kurzer Zeit spielen sie mit uns.
Diese Abhängigkeit sich irgendwann einmal
ehrlich einzugestehen
ist der erste und entscheidendste Schritt
mit ihr später mal abzurechnen.

Wenn wir uns nicht belügen
müssen wir uns
so nackt so hilflos so besiegt
mit unsrer Schwäche auseinandersetzen
daß uns plötzlich zum ersten Mal
das Wort Scham
in seiner stimmigsten Bedeutung
in die Seele drängt.

Die Scham
vertrieben zu sein aus dem Paradies
nicht mehr Affe
noch kein Gott
die Scham ein Mensch zu sein.
Dies ist die eigentliche Geburt des Menschen
denn jetzt braucht er sich nicht mehr zu beweisen
daß es ihn gibt.
Jetzt *ist* er und fängt an zu werden.

Wie peinlich sind doch all die verzweifelten Versuche
von Politikern und den meisten Vorbildern
des sogenannten öffentlichen Lebens
jeden leisen Ansatz einer Schwäche zu vertuschen
um mit Stärke ihre Existenz zu bestätigen.

Nur
Menschlichkeit beweist man nicht
durch die Gründung steuerlich begünstigter
»Brot für die Welt«–Fonds
sondern zuerst mal
durch die Hingabe seiner ganzen
fehlerhaften Persönlichkeit
an seine Mitmenschen.

Neunter Brief

In einer Gesellschaft der Starken
wird es einem nun mal schwer gemacht
sein Irren und Taumeln
sein Schwanken und Schwachsein
unverschämt zu zeigen.

Und denen
die nicht schon von Haus aus
auf linientreu zurechtgestutzt wurden
bietet die Droge
(wenigstens im Anfangsstadium)
nun mal die beste Hilfestellung
gesellschaftsfähig zu werden.

Man scheint unverwundbar
schmückt sich mit Leichtigkeit
und vielen angenehmen Lügen:
unerläßliche Attribute der Erfolgreichen.

Man bedenke
wie gezielt und ohne jede Suchtgefahr
selbst die härtesten Drogen
in intakteren, weltverbundeneren
Gesellschaftsordnungen
verwendet werden.

Da tätowiert man den Kindern eben auch nicht
auf den Hintern
daß es minderwertig sei
Ratlosigkeit und Demut einzugestehen.

Die Intensität der Sucht
ist weniger abhängig von der Qualität der Droge
als von der barbarischen Einschränkung
unserer Freiheit
mit unserem Leben gefälligst
experimentieren zu dürfen.

Zehnter Brief

Also Freunde
jetzt wo die ersten Hochgenüsse
in Verzweiflung versinken
nur keine Scham
wieder so hilflos zu werden
wie vor dem ersten Schuß.
Denn nun wird das eine bewußtere
vertrautere Hilflosigkeit sein
zu der man laut und deutlich stehen kann.

Wir zerbrechen nicht
wenn sie uns treten
mit ihren Gefängnissen und all diesen anderen
subtileren Unterdrückungsapparaten
wir zerbrechen erst
wenn wir sie mit demselben Neid
derselben Unmenschlichkeit
demselben Haß
schlichtweg
wenn wir sie mit ihren eigenen
primitiven Mitteln bekämpfen wollen.

Es gibt eine Vernunft
jenseits aller Systeme und ihrer Logik
damit werden wir nie siegen

aber überstehen.
Warum auch siegen?
Kampf ist die primitivste Form
menschlicher Auseinandersetzungen
und unkämpferisch ist beileibe nicht gleichzusetzen
mit Resignation oder Feigheit.
Man befaßt sich nur mit seinen Mitmenschen
auf einer liebevolleren Ebene.

Nein Freunde, keine Angst
vor den angeblichen Qualen des Entzuges.
Keine Droge kann man ewig behalten
und so mutig wie wir uns in ihren Bannkreis stürzten
werden wir ihn auch wieder verlassen.
Welche Idiotie mancher gelehrten Herren
unser Verhältnis mit der Droge als Schwäche
zu brandmarken
und dann die Stärke des Ausstiegs zu fordern.
Die Brutalität des Entzuges
ist immer nur von der ganz persönlichen
Einbildungskraft bestimmt.

Der gefürchtete »cold turkey«
ist für manche nicht schmerzhafter
als eine mittelschwere Grippe

und der Alkoholiker
dem nach zehn Jahren Enthaltsamkeit
diese berühmte Schnapsbohne
wieder den Boden unter den Füßen wegzieht
hat sich eben noch nie ernsthaft entschlossen
dem Alkohol Herr zu werden.
Er hätte wahrscheinlich besser
nie aufgehört zu saufen
und sich einem ehrenhaften Säufertod hingegeben.
Warum sich gewaltsam das Leben verlängern?
Nur wer sich immer neue Träume schaffen kann
sollte sich weiter in der Welt halten
um ein Leben lang
nur einem Traum hinterherzutrauern
dazu ist das Leben ja nun wirklich zu anstrengend.

Elfter Brief

Es ist ausgesprochen sinnlos
bestimmte Drogen zu verherrlichen
denn jeder hat *seine* Droge
und nie wirken sie gleich.

Ein paar Gramm Opium
machen noch lange keinen Baudelaire
und die meisten Kokainisten
widmen sich weniger
großen Werken der Psychoanalyse
als ihrer eigenen Paranoia.

Das einzig bewußtseinserweiternde Moment
das allen Drogen eigen ist und gleich
ist der Entschluß
aufzuhören.

Ob durch die Lunge die Nase
die Venen:
Erst überschütten sie dich
mit niegeahnten neuen Wundern.
Dann werden sie machtgierig
und machen sich wie ein Eisblock
in deinem Herzen breit.
Alle wollen dir jetzt

ein schlechtes Gewissen einpflanzen.
Vor allem die ewig Zitternden
die Sicherheitsfanatiker.
Dabei hast du doch so viel Wichtiges und Wertvolles
durchlebt!

Also die letzten Paar Gramm in die Toilette
und auf gehts!
Neue Ufer neue Hindernisse neue Weiten.
Wenn du wieder mal umfällst –
gesteh dirs nur ein.
Man kann das Leben nicht
ständig stehend überstehen.
Die Pausen werden länger
die Zellen frischer
die Treppen steiler.

Zwölfter Brief

Ach du mein strenges Deutschland
Land der Richter und Lenker
mit deinem gesetzesergebenen Volk.
Ach du mein schauriges Heimatland
mit deinen geschmeidigen Männern
die sich mit allem biegen und beugen
was von oben als Moral und Gesetz
als einzig wahrhaftige Losung
nach unten gesandt wird.

Wir Deutschen suchen uns immer
in den Blicken und Gesten
im Schulterklopfen und in den Zeigefingern
der anderen.
Wie können wir da jemals Achtung kriegen
vor uns selbst
wenn wir uns in uns selbst nicht finden wollen?

Ach wäre das ein herrlich Land:
Menschen die sich immer als Ganzes sehen
die sich respektieren –
wie könnten wir wieder miteinander reden
Vertrauen fassen
und endlich wieder herzhaft lachen.
Ein Deutschland frei von Hochmut und Angst

gesetzlos und freundlich –
ich fürchte
da muß noch einiges umgerodet werden und gesät.

Dreizehnter Brief

Liebenden wird die Droge gefährlich
gerade weil nur die Liebe
die Droge vernichten kann.

Mephisto stürzt Gretchen ins Unglück
(und wenn ich mir Kokain als Person
vorstelle, dann kommt nur er in Frage)
schließlich aber scheitert er an ihr.

Faust braucht ein immerhin doch
ziemlich langes Leben
um sich von Mephisto zu befreien.
Erlöst wird er nur durch die Liebe.

Es liegt an uns allen
den Süchtigen mit Anstand und Liebe zu begegnen
selbst wenn sie schon verstrickt sind in die
verlogenen Gemeinheiten ihrer Droge.
Es liegt an uns allen
ihnen beizustehen wenn sie schwanken.
Es liegt an uns allen
nicht immer die Besseren
Klügeren Vernünftigeren zu sein
nicht alles kleiner zu machen

um uns aufzuwerten
sondern alles größer zu machen
um uns dran zu gestalten.

Liebesbrief

Im Winter neunzehnhundertneunundsiebzig
ziemlich am Ende meiner körperlichen
und psychischen Kräfte
führte mich mein Schutzengel zu einem Arzt
dessen menschliche Wärme und Größe
den meisten seiner überheblichen Kollegen
die Schamesröte ins Gesicht treiben müßte.
Er sprach mit mir voll ehrlichem Interesse
einige Stunden über Schönheit und Niedergang
der Droge, er sprach über sich und seine Arbeit
und allein seine Gegenwart gab mir Kraft
es doch noch mit dem Weiterleben zu versuchen.
Als ich ihm schließlich erzählte, daß ich
meinen Arztbesuch so lange hinausgezögert hatte
weil ich zu keinem Arzt mehr wirkliches Vertrauen
fassen konnte, sagte er:
»Das ist, weil die die Menschen
nicht mehr lieb haben.«

Laßt uns die Süchtigen lieb haben
sonst töten wir sie.

Uns ist kein Einzelnes bestimmt

Neun Elegien

Und wir: Zuschauer, immer, überall,
dem allen zugewandt und nie hinaus!
Uns überfüllts. Wir ordnens. Es zerfällt.
Wir ordnens wieder und zerfallen selbst.

Rainer Maria Rilke
Achte Duineser Elegie

Geschrieben in der Nacht vom 27. zum 28. Dezember 1980
in Lupinari – Toscana

Die erste Elegie

Anstatt sie zu betreten
treten wir die Welt.
Wie eine Silbe doch entscheidend scheiden kann!
Wie erst ein Wort!

Als wir noch schliefen
warn die Wörter schon gemacht
und alles was wir heute niedrig sehen
war immer groß genug
uns aufzunehmen ins Geschehen.

Wie sich die Luft noch niemals wünschte
Mensch zu sein
sieht alles was sich selbstlos gibt
sanft lächelnd auf uns nieder.

Ach würden wir an solcher Größe uns gestalten
die es ertragen kann
von uns geschändet und zerstört zu werden.

Uns birst die Lunge
wir vergehn vor Schmerz und Wut
wenn wir die letzten Bäume fällen.

Und wie bedauert uns das Tier!
Mit welchem warmen Mitleid
wacht die Erde über uns
wenn wir sie quälen.

Armselig sind die Herrschenden
denn sie genügen sich nicht selbst.
Und was wir uns auch immer neu zu schaffen glauben
verkleinert nur, was längst geschaffen war.

Die Welt hält stand.
Selbst wenn wir sie in Stücke jagen –
wir gehen nur an dem zu Grund
was wir verstehn.

Nichts ist erklärbar.
Nur im Unsichtbaren
lernen wir zu sehen.

Die zweite Elegie

Kein Gift ist böse.
Wären wir der Gifte Übermaß gewachsen
sie würden uns die Welt zu Füßen legen.

Allen Pflanzen entwächst ein Ungeheueres.
Sind sie nicht selbst schon ungeheuer?
Allein ihr Dasein wär es wert
sie anzubeten wie ein Wunder.

Warum nur
wehren wir uns so
dem Wundervollen eins zu sein?

Vermummte Welt
die sich allein den Liebenden kurz öffnet.
Preiszugeben ist sie nicht.
Denn Glaube ist nicht käuflich
und selbst die geduldigen Engel
werdens müde
sich mit geborgten Flügeln zu maskiern.

Was rettet wohl die Richter
wer befreit sie
aus ihrer versteinten Wirklichkeit?
Wie kann sich einer jemals selbst verzeihen

der nie verzieh?
Schuld bleibt nur denen
die sie anderswo verteilen.
Der Menschen Anderssein
ist höchstens lehrreich.
Nie Entschuldigung für sich.

Mir scheint
selbst die Weisen sind müde geworden
halten sich zurück.
Wie sollten sie mit ihren zarten Gipfeln
unsren Waffen auch noch widerstehn?

Die dritte Elegie

Doch immer wieder
läßt es sich gut leiden und gut feiern
und wechseln
mit dem nie steten Licht.

Stillere Nächte
tiefere Räusche
meine Seele übt sich schon ein bißchen
im Fliegen.
Bald muß sie weit hinaustreten.
Ob sie zurückkehrt oder nicht:
Ich lebe und danke.

Stiller nähern sich die Ideen.
Leiser fordert die Kunst.
Zu oft vergeudet man Gedanken
an Neues und Form.
Ich bin die Form
und es bleibt keine Zeit mehr
zu beschreiben.

Dichtung ist Abglanz von Anderswo
und strömt als Gleiches durch ungleiche Herzen.
Warten und redlich bemühn:
Mehr bedarfs nicht.

Hier ist kein Platz
für Schmähung und Pamphlet –
Gedichte sind wahrhaftigere Wesen.
Wollen niemals verletzen.

Schon immer war verstanden werden leichter
als verstehen.
Uns scheint der Sonne Schein
oft größer als ihr Sein.

Die vierte Elegie

Hilfreich glaubt sich die Menschheit.
Sie winken von ihren Podesten
alle Verdammten hoch
in die bessre Vernunft.

Aber wer ist schon verdammt
und wer der Hilfe bedarf
will nicht nach oben betteln.

Fragt dich dein Hund
wenn du leidest
ob du aus eignem Verschulden
in deinen Tränen erstickst?

Traurig schleicht er um dich
immer sorgsam bedacht
dich nicht zu stören
und dir die Wunden zu lecken.

Wie aber freut er sich
ohne Lob zu erheischen
wenn du gesundest!

Doch wenn du stirbst
stirbt er schweigend mit dir
und sicher legt er drüben
ein gutes Wort für dich ein.

Die fünfte Elegie

Schließlich verschwinden die Bilder
und es bleiben die Dinge:
nicht mehr berührbar beschaubar
unschuldig werden
Worte und Mensch.

Sind wir nicht da
uns zu erweitern?
Und in der Weite
zählt nicht mehr unser Gesicht –
wir werden angesehn
wie wir uns niemals erblickt.

Farben lösen sich auf ins Nichts
und werden bunter
und alles wird ohne Gestalt erst
vielgestalt.

Wir nennen Höhe was wir erklimmen
aber wie nennt die Höhe sich selbst?
Immer sieht uns ein Anderes an
das wir anders benennen.

Werden heißt:
immer mehr von sich
und der Welt zu verlieren.

Die sechste Elegie

Einst da waren wir schön.
Bis wir die Schönheit erfanden.
Plötzlich
ach wüßten wir nur darum
gab es dies: Ich
und wir beriefen die Welt.

Manchmal noch streifen uns Glück und Ideen.
Wir blicken zurück.
Noch schützt uns die Schwermut.
Doch je stärker wir werden
verlieren wir Halt und Gestalt.

Wie nur ertrugens die Großen
denen dies wahrere Sein
die Adern zerriß
wie konnten sies nur ertragen
daß sich ein Gott ihrer kläglichen Körper bediente
uns zu warnen?

Einst da waren wir schön.
Da trafen wir uns in der Mitte.
Wie quält uns die Schale!
Wie fern sind wir Kern!

Die siebente Elegie

Doch seht:
Die Nacht erlahmt schon
sorgsam behütet ein Morgen die Welt
und ich will hinaustreten
und freuen.

Daß wir so schwanken – es sei!
Liebend erfaßt
trägt mich auf einmal ein fremderer Atem
über mich fort.

Nicht um die Leiden zu lindern
wird wieder Freude.
Leben ist zwischendrin.
Vor allem: Heute.

Einmal vielleicht
werden die Nächte brennen.
Übergangslos auftaut die Erde.
Gibt uns frei.

Schon scheint der Himmel
ein wenig runder
und die Wiesen
wenden sich hin.

Wer könnte sonst noch
aufrecht stehen und bestehen
folgten nicht immer auf Weh und Klagen
Stürme voll Glück.

Dies nur kann uns nach Hause führen:
Liebe
und eines Größren Barmherzigkeit.

Die achte Elegie

Nur den aufrichtig Liebenden
wird es gelingen zu hören, zu schauen
drüberhinaus mit den Herzen zu greifen.

Seht doch
wie ihre Wirklichkeit fern ist
von all dem Getön und Getue
wie wir sie neiden.

Weil sie uns fremd sind haben wir Angst.
Schelten sie einfältig oder verblendet
ach weil wir alles viel besser verstehen
und in Büchern belegen
mit Kriegen beweisen.

Aber die aufrichtig Liebenden
wandeln den Menschen voran.
Ihnen allein
muß nicht der Menschheit Blut
Wahrheit und Dasein bezeugen.
Sie allein
müssen sich nicht übersehn
um gesehn zu werden.

Die neunte Elegie

Uns ist kein Einzelnes bestimmt.
Ein jeder ist die Menschheit
geht mit ihr unter
oder wendet sie zum Guten hin.

Epilog

Dies ist ein schonungslos menschliches Buch. »Menschlichkeit beweist man ... zuerst mal durch die Hingabe seiner ganzen fehlerhaften Persönlichkeit an seine Mitmenschen«, sagt Konstantin Wecker. Und er zeigt seine Stärke in seiner Schwäche, zu der er sich kompromißlos stellt.

„In einer Gesellschaft der Starken
wird es einem nun mal schwer gemacht
sein Irren und Taumeln
sein Schwanken und Schwachsein
unverschämt zu zeigen.“

Dieser Konstantin Wecker ist ein ungewöhnlicher Mensch. Seine persönliche und künstlerische Integrität faßt vieles zusammen, was unvereinbar erscheint. Er tut dies ohne Scheu, fast naiv. Dieses Leben mit dem Widersprüchlichen, über einander ausschließende Gegensätze hinweg, ist bei ihm eine innere, emotionale, aber nicht im Sinne Brechts intellektuelle Dialektik. Die Einhelligkeit seiner Künstlerperson ermöglicht diesen Schritt.

»Ich will noch eine ganze Menge leben«, heißt es in einem seiner Gedichte, und so nannten wir auch sein erstes Buch. Konstantin Wecker ist ein ungemein lebendiger und lebenshungriger Mensch, er liebt das Leben wie kaum ein anderer – und kann doch nicht ruhen, bis er auch die Grenze zur Todesnähe passiert. Da baut er, mitten in den Aufnahmen für eine neue Langspielplatte (»Liebesflug«) und den Proben für die nächste Konzerttournee, zwei schwere Autounfälle, die er wie durch ein Wunder unversehrt übersteht, und schreibt in der »Fünften Elegie« dieses Buches:

„Werden heißt:
immer mehr von sich
und der Welt zu verlieren.“

Er ist zu lebendig, um sich festlegen zu lassen. Die rechten Bewahrer von Sitte und Ordnung waren rasch zur Hand und stempelten ihn als Sympathisanten der Terrorszene ab. Linksideologisches Scheuklappendenken wollte ihn nur zu gern für sich beanspruchen. Beiden schlug er ein Schnippchen – weil er ein bedingungslos Liebender ist, dem es allein um den Menschen geht. Gotteslästerliches hat er geschrieben, Verse von verzweifelter Provokation, und dann gelingt ihm ein

Gedicht derart hingebungsvoller Frömmigkeit wie das Zwiegespräch »Lieber Gott«.
Er gibt, an anderer Stelle, zu:

„hab furchtbare Angst vorm Sterben
und will später unbedingt mal ein Engel werden"

– und bittet den lieben Gott:

„Ich würde gern mal mit dir
einen Nachmittag lang durchs Universum fliegen,
aber laß mich wieder zurück.
Ich hab noch soviel zu erledigen hier unten,
bin wohl noch nicht ganz fertig.

Will im August in die Toscana,
hab noch eine Menge Musik zu machen,
muß ein paar Leuten auf die Zehen treten,
meine Leber hält auch noch einiges aus,
und lieben will ich,
lieber Gott,
lieben, bis mir das Fleisch von der Seele fällt.
Haben das deine Engel mal so gemacht?"

Bis der Lästerer, der Ketzer in der »Siebenten Elegie« zu romantisch-gläubiger Sehnsucht gelangt:

„Dies nur kann uns nach Hause führen:
Liebe
und eines Größren Barmherzigkeit.“

Da kommt dieser robuste, wuchtige Mensch in nietenbeschlagener Lederjacke und mit dem Habitus eines Rockers, Schlägers oder Lastwagenfahrers daher – und schreibt sensible, zarte Liebesgedichte (und die Musik dazu), die zum Schönsten gehören, was Poesie in dieser Zeit hierzulande hervorbringt.

Konstantin Wecker ist als Musiker und als Dichter »modern«, indem er sich um progressiv-modernistisches Gehabe einen Teufel schert und unbekümmert auf klassische Muster zurückgreift. Er spricht die Sprache unserer Zeit, er spricht aus, was viele empfinden, er trifft den Nerv unserer Gesellschaft, und er tut dies – selbst da, wo er polemisiert und provoziert – mit Worten und Klängen, die so schön sein können, daß es einem den Atem verschlägt.

Diejenigen, die ihn kurzerhand in die Rock-, Pop- und Liedermacherschublade gesteckt hatten, spitzten bei seinen neueren Konzerten, bei der Langspielplatte »Liebesflug« verwundert die Ohren: wenn sie hier dem klassischen Kunstlied und dem Belcanto wiederbegegneten.

Und auch wenn mittlerweile die letzten Zweifler begriffen haben dürften, daß dieser Wecker nicht nur ein guter Songtexter für seine eigene Produktion, ein hervorragender Musiker, Arrangeur, Interpret, sondern vor allem auch ein bemerkenswert originaler Lyriker und Prosakünstler ist – der unbeirrbare Ernst seiner »Ketzerbriefe eines Süchtigen« und der daran anschließenden »Neun Elegien« werden seine Anhänger und seine Kritiker überraschen. Zwischen vertrauter Hemdsärmeligkeit, aggresiver Polemik und leidenschaftlichem Pathos macht er hier von seinem Recht als betroffener Gebrauch, seiner Betroffenheit Ausdruck zu verleihen.

Konstantin Wecker versucht immer wieder, an die Grenzen seiner existentiellen Möglichkeiten zu gelangen – und einen Schritt darüber hinaus. Strenges Maß und Maßlosigkeit gehören in gleicher Weise zu diesem intensiven und exzessiven Leben und Erleben. Er explodiert, prall von Leben, und zieht sich sensibel und verletzlich in sein Innerstes zurück. Er mußte die Grenzen zum Kriminellen ebenso erproben wie die zur Bürgerlichkeit, er sucht die Extreme von Rausch und Stille, er schleift

Festungen und feiert dithyrambisch ihre Größe, Schönheit und Stärke. Er lebt Himmel und Hölle aus, ist zugleich der naiv-verträumte Liebeslyriker, der visionäre Dichter und der knallharte Praktiker, wenn er Verlagsverträge aushandeln muß oder in die Probenarbeit steigt.

Leben bis an und über die Grenzen, das ist Konstantin Wecker. Es konnte nicht ausbleiben, daß auch er an die Droge geriet und der Sucht auf den Leim ging – ein biographisches Faktum im Leben Konstantin Weckers, das wie kaum etwas zuvor seine ganze Existenz bedrohte. Hatte er seinen »Schutzengel« (so heißt ein neueres Gedicht) verloren oder dieser ihn? Da dichtet der Münchner:

„Tua deine Griffen oba von meim Denga,
du greißlichs Gift, i ko di schnaufa hörn.
Wie kann i mi mia selber wieder schenga,
wer huift ma raus, was laßt mi wieder werdn?“

Er ist wieder geworden. Er hat sich – und andere haben ihm – herausgeholfen. Das Suchterlebnis jedoch hat Konstantin Wecker menschlich und künstlerisch einschneidend verändert.

„Wer mit dem Wagnis paktiert
hofft auf eine neue Wirklichkeit.
Ob aus Verzweiflung, Neugier oder Sehnsucht –
er ist bereit, mit seinem Leben der Erstarrung zu trotzen.
Es sind meist die Sensibleren und immer Suchenden
die sich der Droge anvertraun.
Mein Herz schlägt für die Süchtigen.
Sie verschreiben sich dem Leben
ohne es besitzen zu müssen.
Sie leben mit ihrer Schwäche."

Zunächst waren es die Qualen des Entzugs, die er in einem noch gänzlich distanzlosen Prosamonolog ausdrückte, aussprach, hinausschrie. Wie immer, wenn er etwas Neues geschrieben hat, mußte er es vorlesen, um die Wirkung bei Freunden zu erproben, um Kritik zu hören, um selbst zu einem Urteil über seinen Text zu finden. Er ist ein akustischer Mensch, auch das geschriebene Wort ist für ihn zunächst ein gesprochenes, gesungenes, er muß sich hören, man muß ihn hören. Auch diesmal saß ich bei ihm in seiner Schwabinger Wohnung, wir redeten lange über diesen »Entzugstext«, der vielleicht in eine Neuauflage seines ersten Buches »Ich will noch eine ganze Menge leben« aufgenommen werden sollte.

Wir entschieden uns dagegen. Der Text stand noch zu sehr unter dem persönlichen Schock, unter den alptraumhaften Qualen, hier entblößte sich ein Mensch in seiner Not, er stand nicht nur nackt da, er hatte sich die Haut heruntergerissen.

Monate später – wir arbeiteten gerade an der Veröffentlichung des zweiten Buches, des Lyrikbandes »Man muß den Flüssen trauen« – kam Konstantin Wecker mit einem neuen Manuskript, diesmal mit dem lapidaren Titel »Sucht«.

Er las mir das Manuskript vor, es war ein kritischer Essay, viel sachlicher, viel distanzierter, aber viel gewichtiger. Er hatte die Drogensucht als Krankheit unserer Zeit, unserer Gesellschaft erkannt, aber nicht im Sinne handelsüblicher Moral, die die Verantwortlichen zu Richtern erhebt und die Opfer als Schuldige denunziert, degradiert und zu Objekten überheblichen »Mahner- und Helfertums« macht. Der eigentliche Defekt unserer Zeit ist ihre Lieblosigkeit, ihre Erstarrung hinter der Maske der Wohlanständigkeit. Hinter dieser Maske pflegt sie durchaus ihre staatlich und gesellschaftlich sanktionierten Süchte:

„Wir sind eine Gesellschaft von Süchtigen
denn wir bedienen uns nicht mehr der Dinge
sondern die Dinge haben uns in der Hand.
Wer würde schon unseren Bürgern
die Entzugsqualen eines fernsehfreien Samstag-
abends zumuten?"

Die Droge ist eine Antwort auf diese Gesellschaft. Eine Antwort der Sensiblen, der Schwachen – die aber stark genug sind, sein müssen, sich zu diesem Ausweg zu bekennen, anstatt sich in die Rolle des Aussätzigen herabdrücken zu lassen. Nur so werden sie sich von der Sucht befreien können.

Konstantin Weckers »Sucht«-Essay beeindruckte mich. Es war ihm gelungen, aus der persönlichen Erfahrung heraus ein zentrales Problem unserer Tage in den Griff zu bekommen. Es war wieder ein langes Gespräch, wir überlegten, wie man diesen Essay als schmales Bändchen herausbringen könnte. Doch als ich ging, gab er mir zu meinem Erstaunen nicht das Manuskript mit. Mit irgend etwas war er noch unzufrieden.

Er wußte damals wohl selbst nicht, was ihm an dieser Arbeit noch fehlte. Über ein Jahr lang sprachen wir kaum mehr von diesem Plan. Dann plötzlich, in wenigen Tagen Anfang Januar 1981, nach den Aufnahmen für die Langspielplatte, nach den zwei Autounfällen, vor der großen Tournee, schrieb er in seiner Wahlheimat in der Toscana das ganze Werk neu, ohne einen Blick auf die früheren Fassungen, den Prosamonolog und den Essay, als dreizehn »Ketzerbriefe« und einen »Liebesbrief« nieder: freie Rhythmen, eine gesprochene Dichtung, entstanden in einem atemlosen Schaffensvorgang. Mit nur geringem zeitlichem Abstand hatte er »Neun Elegien« geschrieben, in einer Nacht. Sie gehören zu den »Ketzerbriefen«, weisen über diese hinaus, in eine neue Dimension: Konstantin Wecker, der Liedermacher des »Genug ist nicht genug«, der kämpferische Antifaschist des »Willy«, der Lyriker von »Man muß den Flüssen trauen«, fragt nach der Rolle des Menschen in dieser Welt, es ist für ihn der Schritt über die »Ketzerbriefe«, über Sucht und Droge hinaus.:

„Anstatt sie zu betreten
treten wir die Welt.
...
Nur den aufrichtig Liebenden
wird es gelingen zu hören zu schauen
drüberhinaus mit den Herzen zu greifen.
...

Uns ist kein Einzelnes bestimmt.
Ein jeder ist die Menschheit
geht mit ihr unter
oder wendet sie zum Guten hin."

Ein Anruf aus Italien: Konstantin Wecker war noch ganz benommen, jetzt wußte er, daß er die Form gefunden hatte, nach der er auf der Suche gewesen war, ganz unvermittelt. Zwei Tage später saßen wir wieder zusammen in seiner Münchner Wohnung: Er las und las, »Ketzerbriefe«, »Elegien«, eigentlich war ihm noch gar nicht so ganz bewußt, was er da geschrieben hatte, aber es »stimmte« alles, nur weniges war noch zu ändern, drei Tage darauf ging das Manuskript in Satz.

Dieses Buch fordert Kritik heraus, es läßt verschwommene Antworten, Indifferenz und Gleichgültigkeit nicht zu, es kann Mißverständnisse auslösen. »Weil nur die Liebe die Droge vernichten kann«, bekennt sich hier ein Betroffener zu seinen Ängsten, Zweifeln, Qualen, geht er ins Gericht mit den Richtenden und Selbstgerechten, mit der überheblichen Hochherzigkeit der institutionellen Helfer. »Laßt uns die Süchtigen lieb haben«, fordert er, »sonst töten wir sie.«

Frank Auerbach